스물여섯 단어로 배우는 **흥미진진한 수학 이야기**

KIDS UNIVERSITY

"ABCs OF MATHEMATICS"

수학의 ABC

크리스 페리 지음 | **정회성** 옮김

Addition
덧셈

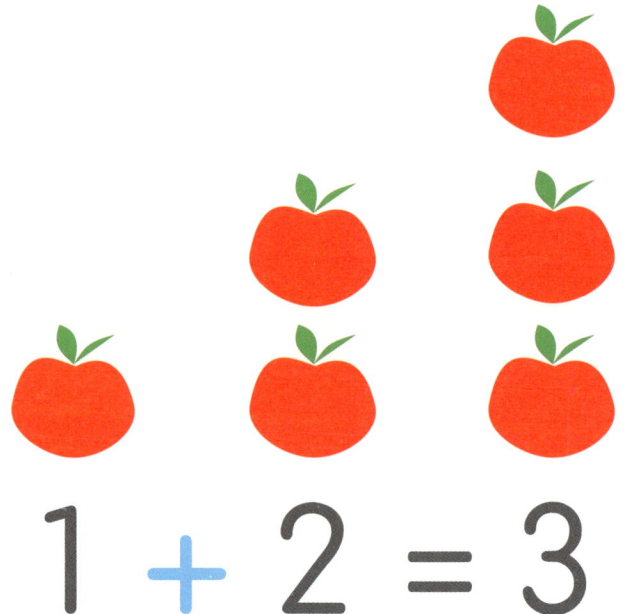

$$1 + 2 = 3$$

덧셈은 몇 개의 수나 식을 합해서 계산하는 셈이에요.

덧셈에서는 더하기 기호 +를 사용해요. 덧셈의 반대말은 뺄셈이에요. 뺄셈에서는 빼기 기호 -를 사용해요.

Base
밑수

$$\overbrace{2 \times 2 \times 2}$$
$$2^3 = 8$$

**밑수는 같은 수를 거듭 곱하는 식에서
바탕이 되는 수를 말해요.**

2를 세 번 곱할 때 2 × 2 × 2를 쓰는 대신 2^3이라고 쓸 수 있어요. 여기서 2가 밑수이고, 밑수가 곱해지는 횟수인 3은 '지수'라고 해요.

Chord
현

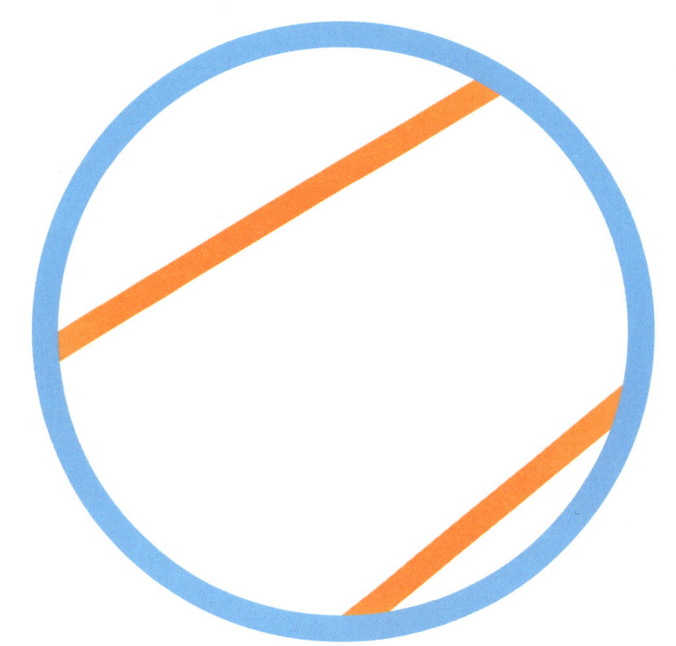

**현은 원의 둘레에 있는
서로 다른 두 점을 잇는 선분이에요.**

현은 기하학과 삼각법에 사용돼요. 현의 각 끝은 원에 닿아요. 현이 원의 중심을 지나는 경우, 그 현을 지름이라고 해요.

Division
나눗셈

$$4 \div 2 = 2$$

나눗셈은 어떤 수를 다른 수로 나누는 셈을 말해요.

우리는 나눗셈으로 무언가를 똑같은 부분으로 나눌 수 있어요. 이때 나누어진 수는 '몫', 나누기 위해 사용되는 수는 '제수'라고 해요. 나눗셈의 반대는 곱셈이에요.

Equation
등식

$$1 + 2 = 3$$

등식은 한쪽이 다른 쪽과 같다는 수학적 표현이에요.

등식은 기호 =를 사용해 왼쪽과 오른쪽이 같다고 표시해요. 예를 들어 3 + 3 = 6이라면, 왼쪽의 3 + 3이 오른쪽의 6과 같다는 뜻이에요. 기호 =를 '등호'라고 해요.

Focus
초점

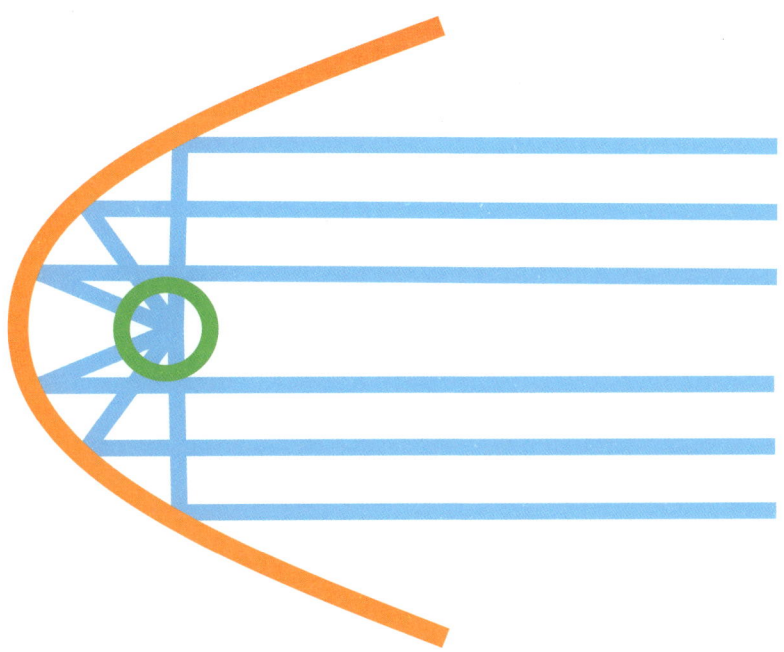

초점은 반사되거나 굴절된 선이 만나는 점이에요.

돋보기 렌즈에는 렌즈를 통과하는 빛이 모이는 초점이 있어요. 도형의 기하학적 모양을 바꾸면 초점의 위치도 바뀌어요. 돋보기의 배율을 바꿀 때 이 원리를 이용한답니다.

Golden Ratio
황금비

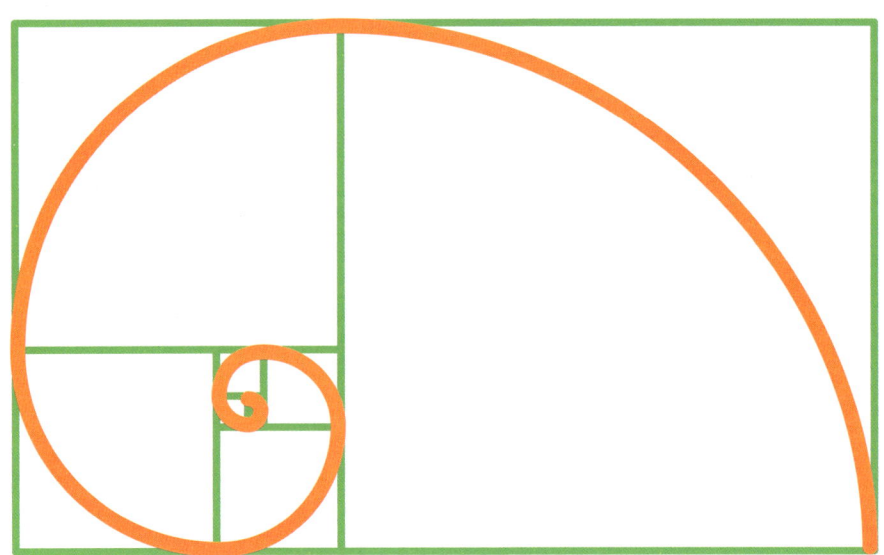

황금비는 약 1.618에 해당하는 수예요.

황금비는 수학, 자연, 그리고 예술에서 종종 발견할 수 있어요. 수학에서 황금비는 그리스어 알파벳 파이(φ)로 나타내요. 위 그림에서 각 정사각형 변의 길이는 파이의 비율만큼 작아져요.

Hypotenuse
빗변

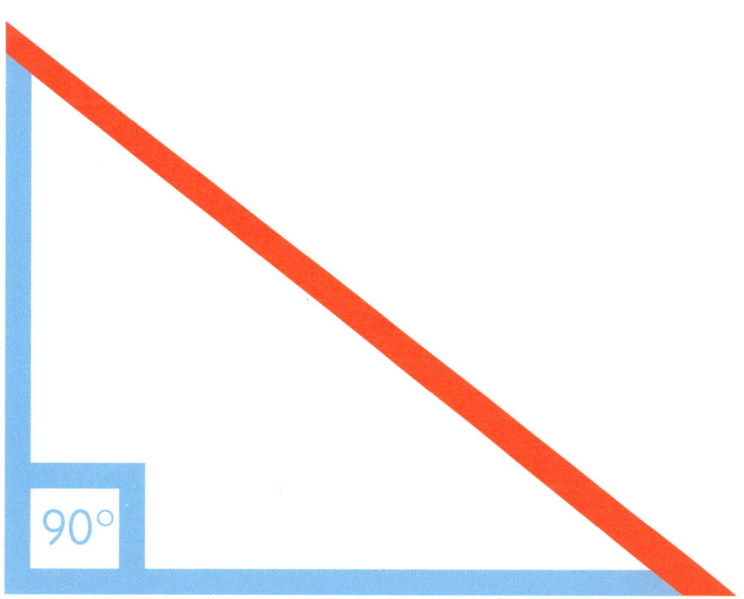

빗변은 직각 삼각형의 가장 긴 변을 말해요.

직각 삼각형에는 90도를 이루는 각이 하나 있어요. 90도인 각을 '직각'이라고 해요. 직각 삼각형에서 이 직각의 반대편에 있는 변이 빗변이에요.

Infinity
무한대

**무한대는 어떤 수보다도 크다는
생각을 나타내는 단어예요.**

무한대 자체는 수가 아니에요. 무한대는 수학에서 가장 초기에 등장한 추상적인 개념들 가운데 하나예요.

Joint Probability
결합 확률

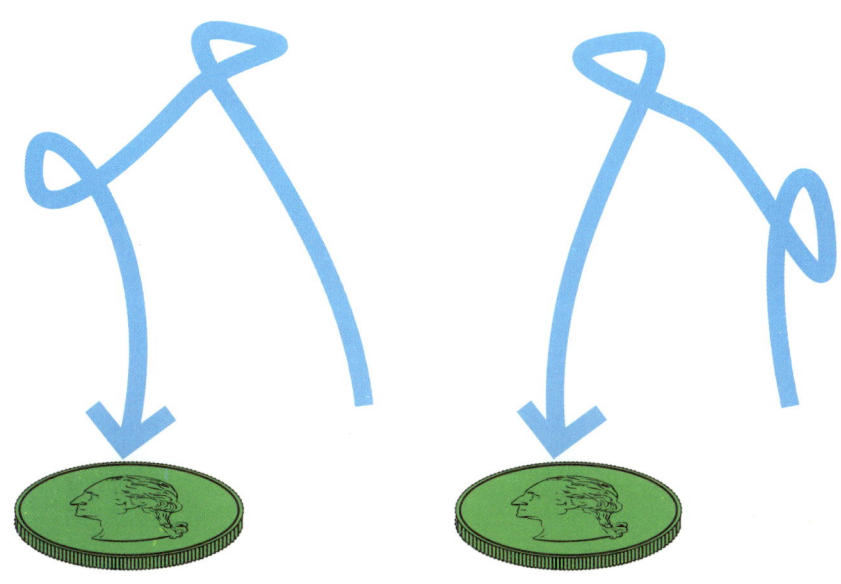

결합 확률은 서로 다른 두 사건이 동시에 일어날 확률을 말해요.

두 개의 동전을 공중으로 휙 던졌을 때, 두 동전의 앞면이 모두 위로 향하게 떨어질 결합 확률은 1/4이에요.

Knot
매듭

매듭은 닫힌 곡선이에요.

수학에서 말하는 매듭은 양쪽 끝이 서로 붙어 있는 곡선이에요. 가장 기본적인 매듭은 원 모양이에요. 어떤 매듭은 원처럼 보이도록 풀 수 있지만, 어떤 매듭은 풀 수 없어요.

Limit
극한

극한은 수열이 가까이 가려고 접근하지만 결코 도달하지 못하는 값이에요.

수열이란 수들이 일정한 규칙에 따라 늘어선 것을 말해요. 위 그림에서 공으로 표현된 수열은 아래쪽 선에 무한히 가까워지지만, 결코 그 선을 넘지 못해요. 이 선이 수열의 극한이에요.

Matrix

행렬

$$\begin{pmatrix} 1 & 0 & 0 & 3 \\ 0 & -1 & 1 & 0 \\ 1 & 0 & 0 & -1 \end{pmatrix}$$

행렬은 수로 이루어진 표예요.

행렬은 수학의 한 분야인 '선형 대수학'에서 쓰이는 개념이에요. 행렬의 가로줄을 행, 세로줄을 열이라고 하며, ( )나 [ ] 같은 괄호 기호로 묶어서 표시해요.

Null set
공집합

공집합은 안에 아무것도 없는 집합을 말해요.

집합 안에 아무것도 없다니 이상하지 않나요? 하지만 수학에서 공집합은 아주 중요한 개념이랍니다!

One-to-One
일대일

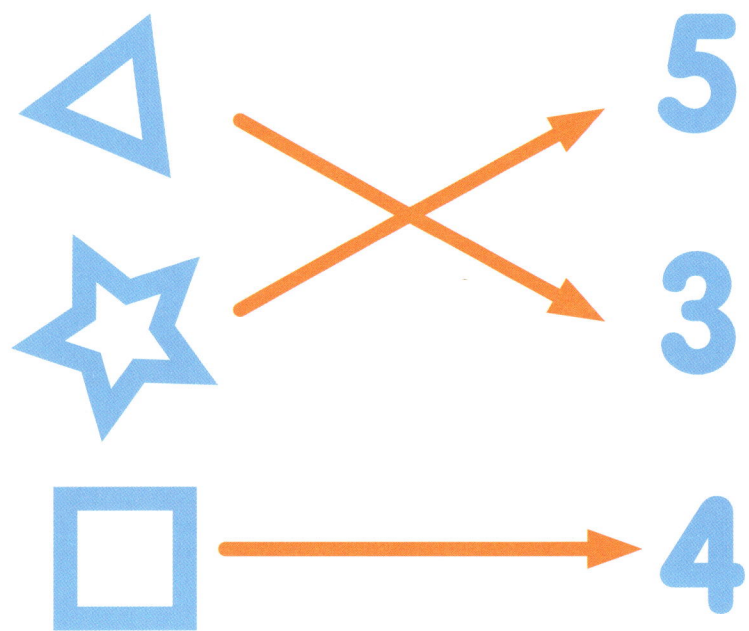

일대일은 수학에서 특별한 사상이에요.

사상이란 한 집합의 원소가 다른 집합의 원소와 짝을 이루는 걸 말하는 수학 용어예요. 일대일 사상은 위 그림처럼 서로의 짝이 하나씩만 있는 사상을 의미해요.

Prime
소수

1 2 3 4 5 6 7
8 9 10 11 12 13 14
15 16 17 18 19 20

소수는 1과 그 수 자신으로만 나누어 떨어지는 수예요.

소수의 예로는 2, 3, 5, 7, 11 등이 있어요. 합성수는 1과 그 수 자신 외에 다른 수로도 나눌 수 있는 수를 말해요. 예를 들어 4는 1, 2, 4로 나눌 수 있기 때문에 소수가 아니라 합성수예요.

Quadrangle
사각형

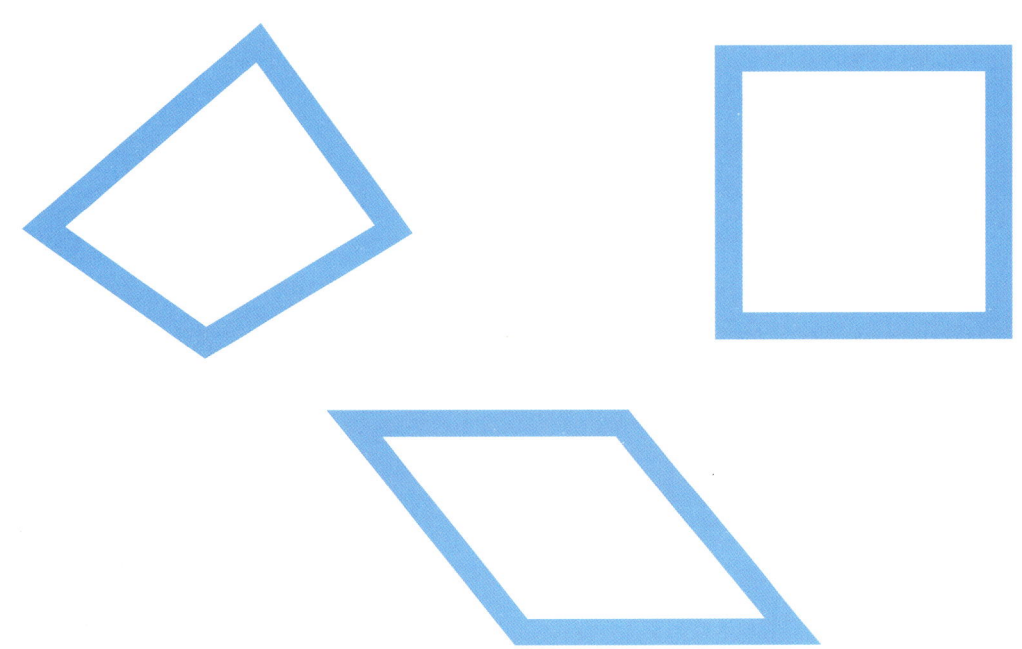

사각형은 네 개의 선분으로 둘러싸인 도형이에요.

사각형은 네 개의 변과 네 개의 각을 가지고 있어요. 네 변의 길이와 네 각의 크기가 모두 같은 사각형을 정사각형이라고 해요.

Root
제곱근

$$3 \times 3 = 9$$

$$\sqrt{9} = 3$$

어떤 수를 제곱해서 그 수가 되는 수를
제곱근이라고 해요.

어떤 수 a를 두 번 곱해서 x가 되었을 때, a를 x의 제곱근이라고 해요. 예를 들어 3 x 3 = 9이므로 9의 제곱근은 3이에요.

Subset
부분집합

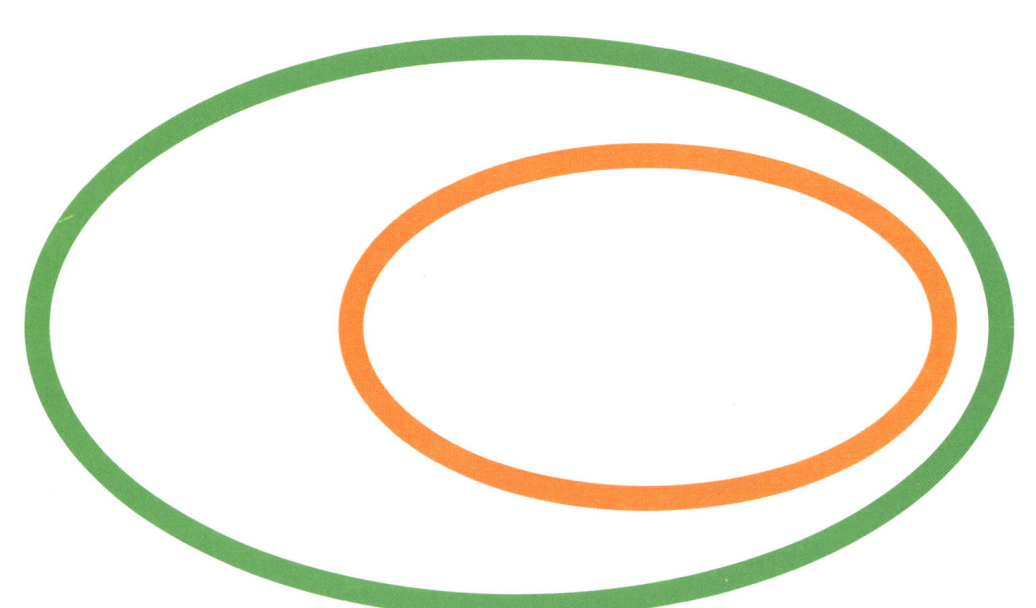

부분집합은 큰 집합 안에 들어 있는 작은 집합이에요.

한 집합의 모든 원소가 더 큰 집합에 모두 포함되어 있으면, 작은 집합을 큰 집합의 부분집합이라고 해요. 부분집합은 복잡한 집합을 나누는 데 도움이 돼요.

Torus
원환체

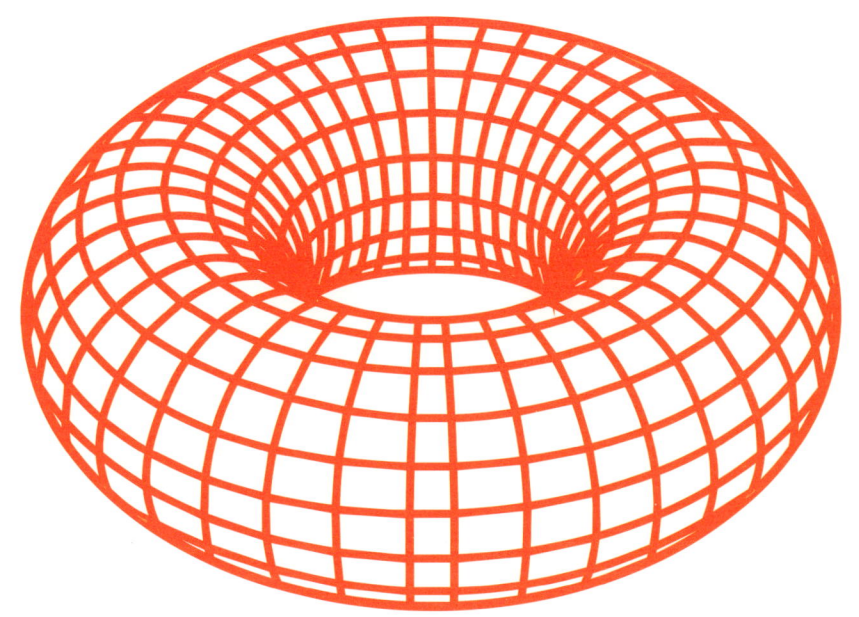

원환체는 3차원의 도넛 모양을 한 도형이에요.

원환체는 위상 수학 연구의 기본을 이루는 도형이에요. 위상 수학은 수학적 도형이 뒤틀리고 변형되는 과정을 연구한답니다.

Union
합집합

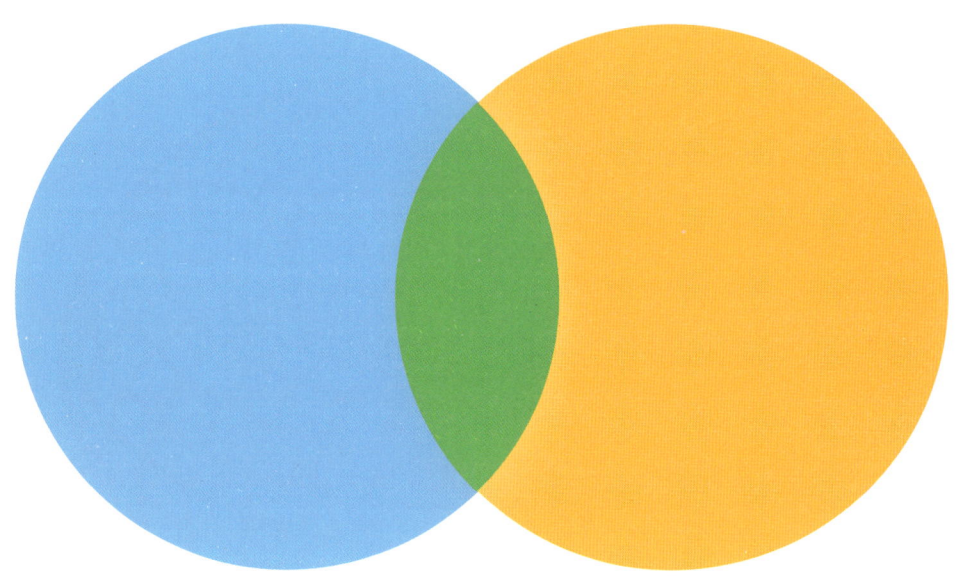

두 집합의 원소를 모두 포함하는 또 다른 집합을
합집합이라고 해요.

합집합과 교집합은 마치 덧셈과 뺄셈 같아요. 교집합은 두 집합에 똑같이 들어 있는 원소로 이루어진 집합을 말해요.

Variable
변수

$$y = 2x + 1$$

변수는 정해지지 않은 임의의 값을 나타내는 기호예요.

변수는 여러 값을 가질 수 있어요. 여러 값으로 변할 수 있기 때문에 '변수'라는 이름이 붙었어요. 위 그림의 식에서 x와 y는 모두 변수예요.

Whole Number
범자연수

0, 1, 2, 3, …

범자연수는 0을 포함해 셈할 때 쓰는 수예요.

범자연수에는 분수나 소수가 없어요. 범자연수는 위 그림처럼 우리가 하나, 둘, 셋 하고 셀 수 있는 수와 0을 포함하는 수예요. 0보다 작은 수인 음수는 범자연수가 아니랍니다.

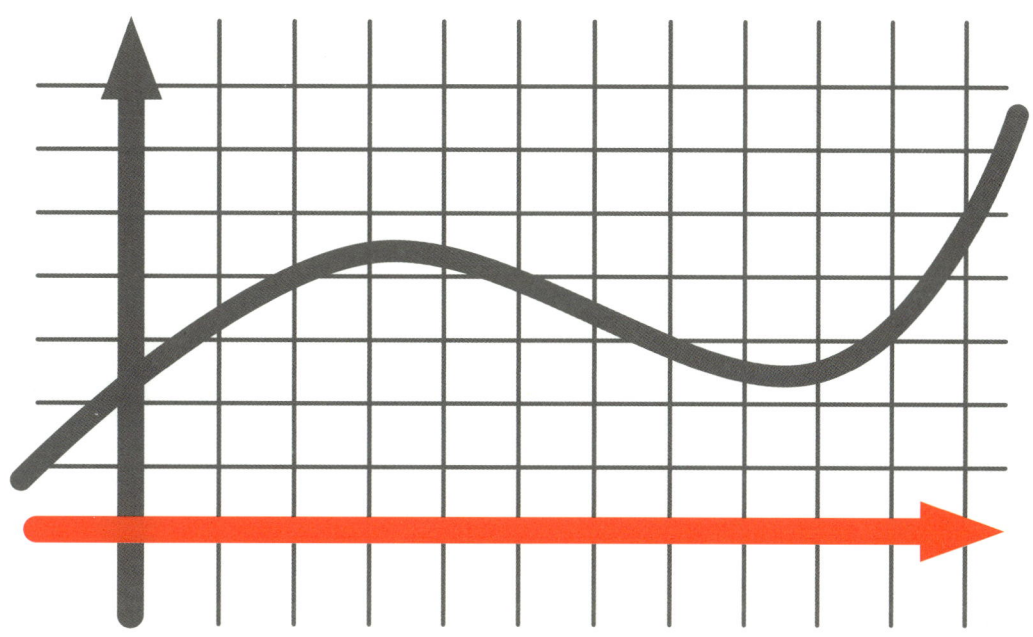

**그래프에서 왼쪽에서 오른쪽으로 가는 직선이
x축이에요.**

두 변수의 관계를 그래프로 나타낼 수 있어요. 그래프는 선, 각도, 곡선 같은 것을 표시하는 데 사용하지요. 그래프에 그려진 점을 좌표라고 해요.

Y-Intercept
y절편

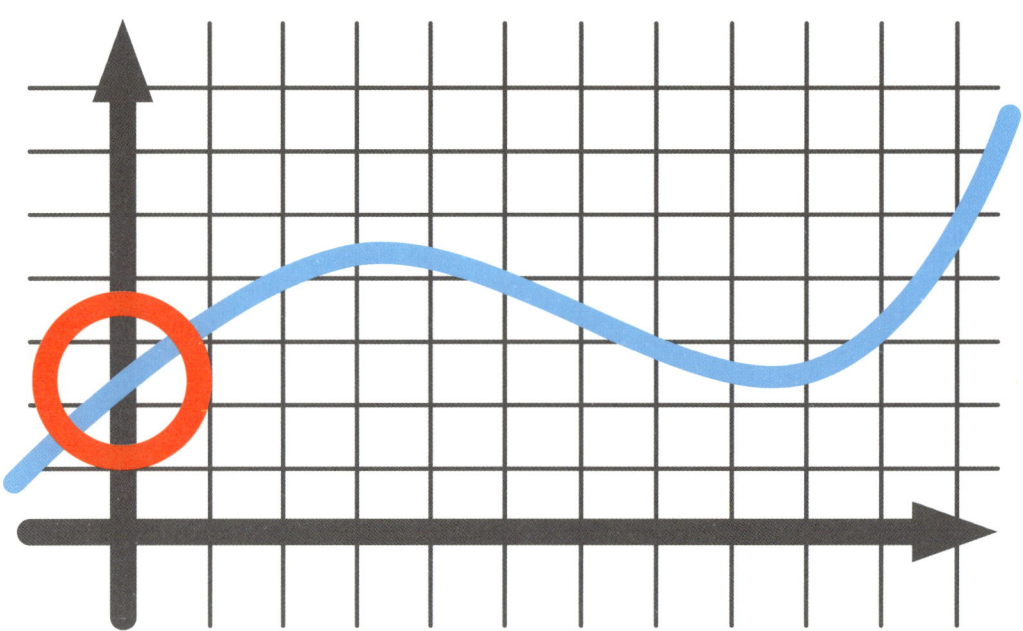

y절편은 그래프에서 하나의 선 또는 곡선이 y축과 만나는 지점이에요.

그래프에서 세로로 놓인 축을 y축이라고 해요. 하나의 선 또는 곡선이 y축과 만나면, x축의 좌표는 0이에요. 이 지점이 y절편이에요.

0은 아무것도 없다는 걸 뜻해요.

정수는 양이나 수를 나타내지만, 0은 셀 수 있는 게 아무것도 없다는 뜻이에요. 0은 무언가가 빠져 있다는 걸 보여 주는 자리 표시자로도 사용돼요.

수학의 ABC

초판 1쇄 발행 2023년 11월 23일

지은이 크리스 페리 **옮긴이** 정회성
펴낸이 김현태 **펴낸곳** 책세상어린이 **등록** 2021년 1월 22일 제2021-000032호
주소 서울시 마포구 잔다리로 62-1, 3층(04031) **전화** 02-704-1251 **팩스** 02-719-1258
이메일 editor@chaeksesang.com **광고·제휴 문의** creator@chaeksesang.com
홈페이지 chaeksesang.com **페이스북** /chaeksesang **트위터** @chaeksesang
인스타그램 @chaeksesang **네이버포스트** bkworldpub

ISBN 979-11-5931-995-2 74080
ISBN 979-11-5931-969-3 (세트)

잘못되거나 파손된 책은 구입하신 서점에서 교환해 드립니다.
책값은 뒤표지에 있습니다.

책세상어린이는 도서출판 책세상의 아동·청소년 브랜드입니다.
전 연령의 어린이에게 적합한 도서입니다. Printed in Korea

All rights reserved
including the right of reproduction in whole or in part in any form.
This edition published by arrangement with Sourcebooks, LLC.
This Korean translation published by arrangement with
Chris Ferrie in care of Sourcebooks, LLC through Alex Lee Agency ALA.

이 책의 한국어판 저작권은 알렉스리에이전시 ALA를 통해 Sourcebooks, LLC사와 독점 계약한 책세상에 있습니다.
저작권법에 의해 한국 내에서 보호를 받는 저작물이므로 무단 전재와 복제를 금합니다.